你好 帆船

Hi Sailing

国家体育总局青岛航海运动学校　主编

柴米米　绘

编写委员会

主　编：辛　婧

编　委：刘婉婷　胡枫仪

编审委员会

主　审：曲　春

委　员：康　鹏　姜岱勇

中国海洋大学出版社

·青岛·

图书在版编目（CIP）数据

你好，帆船 / 国家体育总局青岛航海运动学校主编.
青岛：中国海洋大学出版社, 2024.6. -- ISBN 978-7
-5670-3906-3

Ⅰ. G861.4-49

中国国家版本馆CIP数据核字第2024HN4116号

你好，帆船

出版发行	中国海洋大学出版社
社　　址	青岛市香港东路23号　　　　　　　邮政编码　266071
出 版 人	刘文菁
网　　址	http://pub.ouc.edu.cn
电子信箱	2586345806@qq.com
订购电话	0532－82032573（传真）
责任编辑	矫恒鹏　　　　　　　　　　　　　电　　话　0532－85902349
装帧设计	王谦妮
印　　制	青岛海蓝印刷有限责任公司
版　　次	2024年6月第1版
印　　次	2024年6月第1次印刷
成品尺寸	170 mm×240 mm
印　　张	4.5
印　　数	1～1000
字　　数	81千
定　　价	39.00元

发现印装质量问题，请致电0532-88786655，由印刷厂负责调换。

亲爱的大朋友、小朋友们：

当你翻开这本书时，我相信你一定会被其中可爱精美的插画所吸引，一定会通过这本书接触、学习到丰富多彩的帆船和海洋知识。欢迎你来到帆船的世界，让我们一同拥抱海洋吧！

我们赖以生存的地球，约有四分之三是海洋，而帆船就是接触大海的一种绝佳方式。近年来，我们高兴地看到，学习帆船的小朋友越来越多了，大家都愿意参与到这项集休闲、竞技、探险于一体的运动中来，感受大海的魅力，接受大海的洗礼，历练勇毅、坚忍的品格。而我们的这本帆船科普书，编创形式新颖独特，不仅有丰富全面的帆船基本知识，还辅以生动活泼的卡通形象，使得科普知识的呈现更加立体、易懂。

我们深知，好的青少年科普读物是要用心做出来的。当我们把这本凝聚着策划者之心、编撰者之心、设计者之心、推广帆船运动责任之心等多颗虔诚之心的"帆船科普图书"呈现给大家的时候，我们有些许忐忑，更有几许期待。我们希望这本书能给那些向往大海、热爱帆船的小朋友们以惊喜和收获，希望能对帆船运动的科普作出一点贡献。

愿小读者们喜爱这本帆船科普图书，在帆船世界里大有作为！

世界帆联理事　地区运动会委员会副主席

规则委员会委员　竞赛官员委员会委员

目录
Contents

第一章 走近帆船

海洋，是生命的摇篮，是人类生存与发展的希望。先祖在大自然中发现木块可以漂浮，随后不断尝试，用木头制作成了独木舟和木排（竹筏），于是，人类最原始的水上交通运输工具出现了。

随着生产力的发展，木排与独木舟已经不能满足人类发展的需求，随着制作工艺的革新，木板船应运而生，为水上运输提供了更多便利。木板船的出现是水上交通运输的第一次大飞跃。

为了探索海洋，人们开始运用风帆的力量，也就出现了帆船的雏形。最早的帆船是桨帆并用的，后来被多桅船所代替，人类探索海洋的征程就此开始，航海技术也大大增强，扩大了国际交往范围，进一步促进了人类文明的交流和发展。帆船的出现是水上交通运输的第二次大飞跃。

"喂，快醒醒，我们到了！"

宁宁睡梦中苏醒，回到现实，又是这个梦，最近这个梦越来越频繁了。

车辆转弯，阳光透过车窗，映入眼帘的是奥帆中心的灯塔和形形色色的帆船。

"快看，是大海！""哇，还有船！""你看她们长得都不一样，为什么啊？"

一个人驾驶的是单人艇，小一点的是OP船，帆有四个角；稍微大一点、有两面帆的是多人艇，可以坐好几个人。这些单人艇和多人艇都属于稳向板帆船，长度通常在2～5米，适合近岸航行，既可以一个人探索海洋，也可以多人一起搭档。

多人艇

稳向板帆船
2～4人操作

OP 帆船

单人艇
稳向板帆船
小朋友的最爱！

单人艇

稳向板帆船
1个人操作

珐伊 28R 帆船

龙骨帆船
多人操作竞赛船只

龙骨帆船下面有一个很重的龙骨，防止船体翻覆，上面可以承载很多人。右边这个小一点的是珐伊28R，既可以参加比赛，也可以和家人一起航海。大一点的是可以跨洋的龙骨帆船，船上有更加舒适的船舱，像个海上移动的家呢！

龙骨帆船
多人操作
可以跨洋航行

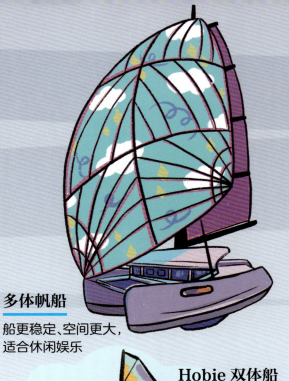

多体帆船
船更稳定、空间更大，
适合休闲娱乐

Hobie 双体船
可用于竞赛

一个船体的是单体船，两三个船体的是多体船，小一点的是Hobie，现在许多家庭比赛就用这种船。大的三体船是可以参加许多国际大型赛事的帆船，多体船稳定性更好，内室空间更加宽阔。

水翼帆船
高速航行
不适合初学者

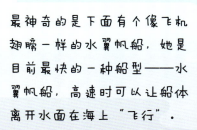

最神奇的是下面有个像飞机翅膀一样的水翼帆船，她是目前最快的一种船型——水翼帆船，高速时可以让船体离开水面在海上"飞行"。

我们的大帆船为了能够远洋航行，船舱内部的生活设施可是十分完备的。

左右两幅图共有3处不同，快来找一找吧！

哇，宁宁你知道的真多，你能给我们多讲一些关于帆船的知识吗？

那我们一起去国家体育总局青岛航海运动学校，请我的大块头教练给大家讲解更多的帆船知识吧！

互动环节：连线题。

将不同帆船与对应类型名称连起来吧！

水翼帆船　　　　稳向板帆船　　　　龙骨帆船

第二章 认识帆船

教练！教练！我带我的小伙伴来学习帆船了！

Hello！各位小水手，我是大块头教练，欢迎各位来学习帆船，我们有各种类型的帆船，现在我从适合青少年学习的 RS Quba 开始为大家介绍一下帆船的主要结构。

帆船结构与下水准备

前

主缭绳

桅座

稳向板槽

右舷

压舷带

左舷

后

我们的帆船依靠风吹动帆前行，用舵控制船的方向，通过主缭绳的收紧和松开来调整帆与风的角度。

主帆

帆杆

后帆角

桅杆

主缭绳

斜拉器

舵

主舵柄

副舵柄

稳向板

我们出发航海前还需要有合适的衣服，最重要的是要有一件合适的救生衣！

 手表

 墨镜

救生衣太大或太紧，跨带没有扣好，多余绳子没有收好都是不对的。

遮阳帽

救生衣

手套

防晒紧身衣

防滑鞋

大块头教练，我们衣服换好了，可以出海了吗？

等一下，我们还需要在岸上将船组装起来，才能出发，每位小水手都要会组装自己的帆船！要注意稳向板和舵是需要下水后再组装的。

1.将帆和桅杆立起来，桅杆插入桅座中，固定。

2.将帆打开。

3.装好帆杆，绑好后帆角、斜拉器、下拉器。

4.穿主缭绳。

5.安装舵，对准舵针，
卡紧。

6.船推下水后，安装
稳向板，将舵叶放入水
中。

扫描二维码，观
看装船讲解哦~

哇，我们的船组装好
了！接下来我们准备
出发吧！

绳结时间："8"字结

"8"字结一般用作绳尾端的防脱结；也可作为一条绳上的临时或简单中止点，或者是制动点。

互动环节：

给你的帆船涂上漂亮的颜色吧！

第三章　风与帆

一、什么是风?

是风！风吹帆动！

宁宁你还记得帆船的动力来自哪里吗?

是的，帆船是利用风力前进的船，是人类利用大自然的伟大见证之一。地球上的风是由太阳辐射引起的。太阳光照射在地球表面上，受不同纬度、地形地势、海拔等影响，各地大气受热不均，某地的地表空气受热膨胀变轻进而上升，周围较冷的空气就会流入填补；上升的热空气在高处冷却后，又成为冷空气沉降至地面。随着这一冷热循环过程，近地表的空气产生流动现象，风就形成了。

风向：风来的方向。可以用风向标来测量，也可以通过炊烟、旗子等判断。

风速：空气质点在单位时间内所移动的水平距离，常用单位有千米／小时、米／秒，在航海运动中，我们常用单位是节或者海里／小时。

风力：风吹到物体上所表现出的力量大小。我们日常看到的天气预报中，常用蒲福风级来表示风力。蒲福风级是英国人蒲福于1805年根据风对地面（或海面）物体影响程度而定出的风力等级。

蒲福风级口诀

一级青烟随风偏，二级清风吹脸颊，
三级叶动红旗展，四级枝摇飞纸片，
五级小树随风摇，六级举伞有困难，
七级迎风走不便，八级风吹树枝断，
九级屋顶飞瓦片，十级拔树又倒屋，
十一二级少有见。

1节＝1海里／小时
≈ 1.852 千米／小时
≈ 0.514444 m/s

0级　无风
风速：0 ～ 0.2 m/s
　　　< 1 km/h
　　　< 1 节 (knots)
陆地现象：静，烟直上。
海面状态：海平如镜。

一级青烟随风偏

1级风　软风
风速：0.3 ～ 1.5 m/s
　　　1 ～ 5 km/h
　　　1 ～ 3 节 (knots)
陆地现象：烟能标示风向，但风向标不能转动。
海面状态：微浪，海面有鳞状波纹，但没有白色浪顶。

二级清风吹脸颊

2 级风　软风

风速：1.6 ~ 3.3 m/s
　　　6 ~ 11 km/h
　　　4 ~ 6 节 (knots)

陆地现象：人面感觉有风，树叶有微风，风向标能转动。

海面状态：小浪波纹，波峰光滑不破碎。

三级叶动红旗展

3 级风　微风

风速：3.4 ~ 5.4 m/s
　　　12 ~ 19 km/h
　　　7 ~ 10 节 (knots)

陆地现象：树叶及微枝摆动不息，旗帜展开。

海面状态：大浪波纹，波峰开始间或出现白色浪花。

四级枝摇飞纸片

4 级风　和风

风速：5.5 ~ 7.9 m/s
　　　20 ~ 28 km/h
　　　11 ~ 16 节（knots）

陆地现象：能吹起地面灰尘和纸张，树的小枝微动。

海面状态：轻浪，频繁处才能见白色波浪。

五级小树随风摇

5 级风　清风

风速：8.0 ～ 10.7 m/s
　　　29 ～ 38 km/h
　　　17 ～ 21 节（knots）

陆地现象：小树枝随风摇摆，内陆水面有小波。

海面状态：中浪，白色浪花渐多。

六级举伞有困难

6 级风　强风

风速：10.8 ～ 13.8 m/s
　　　39 ～ 49 km/h
　　　22 ～ 27 节（knots）

陆地现象：大树枝摇摆，电线呼呼有声，举伞困难。

海面状态：开始形成大浪，浪顶见白色泡沫。

七级迎风走不便

7 级风　疾风

风速：13.9 ～ 17.0 m/s
　　　50 ～ 61 km/h
　　　28 ～ 33 节（knots）

陆地现象：全树摇动，迎风步行感觉不便。

海面状态：波浪堆积，海面涌突，浪花白沫沿着风吹的方向成条吹起。

八级风吹树枝断

8 级风　大风

风速：17.1 ～ 20.7 m/s

　　　62 ～ 74 km/h

　　　34 ～ 40 节（knots）

陆地现象：微枝折毁，人向前行感觉阻力很大。

海面状态：中高浪，波峰开始破碎飞沫。

九级屋顶飞瓦片

9 级风　烈风

风速：20.8 ～ 24.4 m/s

　　　75 ～ 88 km/h

　　　41 ～ 47 节（knots）

陆地现象：建筑物有损坏（烟囱顶部及屋顶瓦片移动）。

海面状态：高浪，沿着风吹方向开成浓密泡沫，波峰开始翻卷，溅起。

十级拔树又倒屋

10 级风　狂风

风速：24.5 ～ 28.4 m/s

　　　89 ～ 102 km/h

　　　48 ～ 55 节（knots）

陆地现象：陆上少见，见时可使树木拔起，可严重损坏建筑物。

海面状态：狂涛。

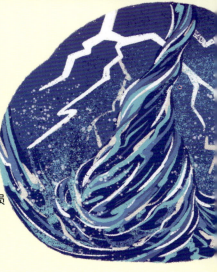

十一二级少有见

11级风　暴风

风速：28.5 ～ 32.6 m/s
　　　103 ～ 117 km/h
　　　56 ～ 63 节 (knots)

陆地现象：陆上很少，有则必有重大损毁。

海面状态：非凡现象。

12级风　飓风

风速：32.7 ～ 36.9 m/s
　　　118 ～ 133 km/h
　　　64 ～ 71 节 (knots)

陆地现象：陆上绝少，其摧损力极大。

海面状态：非凡现象。

二、帆船航行原理

教练，帆船是只能被风吹着向前航行吗？可以逆风前行吗？

不是只能向前航行的哦，我们帆船的航行方向是很多的，当然是可以逆风航行的。帆船的动力是风，当我们顺风航行的时候，风推动我们的帆前行；而到了迎风航行的时候，由于风在帆两侧的流动速度不同，从而产生了升力，这股升力为帆船提供了航行的动力。

有稳向板
无稳向板

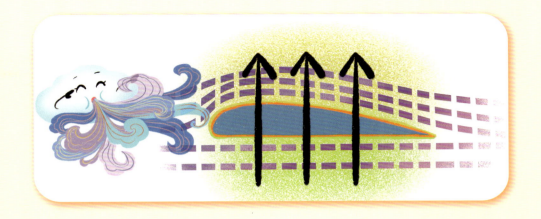

帆船迎风航行原理与飞机航行原理相似。帆是弧形的，所以帆两侧的气流速度是不同的。根据空气动力学分析，风沿着帆的下风面的移动速度要比上风面快，导致帆的两面压强不均，产生压力差，进而形成升力，这股升力中那部分向前的力推动了帆船行驶。同时，还有一部分升力会将船向侧面推动，这时船底的稳向板（或龙骨）可以抵挡这部分升力，阻止船的侧向横移。

但是逆风状态下，我们不能直线行驶，只能走"之"字形才能到达目的地。

绳结时间：平结

平结又被称为"缩帆结"，适合绑定器材，如捆主帆、绑帆套等等；也可以用来把两根粗细相同的绳子接起来。当我们连接两根绳子的时候，最好选择材质、粗细差不多的绳结，这样能让平结的威力发挥到最大。有时候平结打得过紧解不开也不要着急，双手握住绳头，朝两边用力一拉，就可轻松解开。

口诀：左压右，右压左

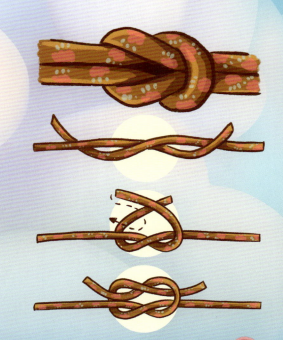

互动环节：风力等级填空

（　）级　　　　　（　）级　　　　　（　）级

（　）级　　　　　（　）级　　　　　（　）级

第四章 帆船航行

将帆船送到水里后，我该如何让她跟随我的想法动起来呢？

一、如何驾驶帆船

（一）上船

宁宁站在岸边看着水里的船："她们是要去哪里呢？"

船的行进方向根据船头变化而改变。船运动的方向通常指的是船的航行方向，人们一般使用罗经或者导航设备来测量和指示方向。航行方向可以用度数或者方位角来表示，比如东、南、西、北等方向。船头对准的方向就是船的航向。

原来如此！那让我也来试一试。

在教练的帮助下，宁宁坐到了船上。两只手分别拿住副舵柄和缭绳，在握持副舵柄和缭绳时，大拇指通常朝向上方。这种握持方式使缭绳的控制和舵的调整更加灵活。

这个握法就好像在握着一个冰淇凌。

我们在帆船上通常是坐在这个位置。

（二）帆船的"方向盘"：舵

宁宁，你可以通过推拉舵柄让船头转动，这样就可以改变帆船前进的方向了。但是，这个变化和操纵汽车的方向盘不同哦。汽车前进方向的改变和方向盘转动的方向是一致的，而船的方向的变化与舵柄移动的方向是相反的。根据海上的现实情况，不断练习就会慢慢适应船只的方向变化。

1. 推舵

推舵：我们坐在帆的对面操控帆船，推舵时就像推开门一样，将舵柄推向帆的一侧。

看，船头前方的区域，左舷一侧是山，右舷一侧是一座灯塔。

让我们试试通过控制舵来帮助船头对准这两个标志物吧！

我来推舵！主舵柄向远离身体的方向摆过去了，而船头向主舵柄摆动的反方向转了，朝向灯塔了！

是的，接下来我们就将舵回正，向着灯塔的方向进发吧。

2. 拉舵

拉舵：这个动作与推舵相反，要将舵柄拉向我们身体的这一侧。

接下来，你再试试看拉舵。

拉舵，主舵柄向我坐的这一舷摆过来了，而船头朝向山了！好神奇！

提醒：如果不及时回正舵，船只会原地转圈圈，不仅会阻碍航行，我们还可能会陷入不必要的麻烦中。所以，及时回正舵是确保帆船安全航行的重要步骤！

宁宁，每次做完推拉舵后注意一定要将舵摆回到中间位置啊！

啊！教练，我好晕啊～

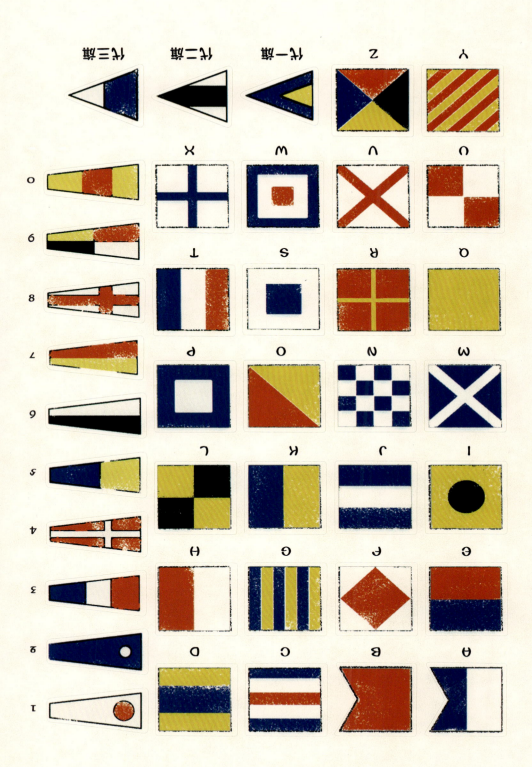

二、航行角度

帆船的前进并不仅仅依赖于风的力量，而是需要船、帆与风之间形成特定的角度关系。这种角度关系在帆船航行中起着至关重要的作用，它决定了能否有效地利用风力来推动船体前进。

然而，帆船的航行角度并不是固定的，是会随着风向和航行需求的变化而变化的。这些航行角度组成了"360度航行角度圈"。帆船在航行过程中，通过调整船上的绳索和滑轮，让船帆与风之间的角度在0度到180度之间变化，具体角度取决于风向、风力和航行需求等因素。

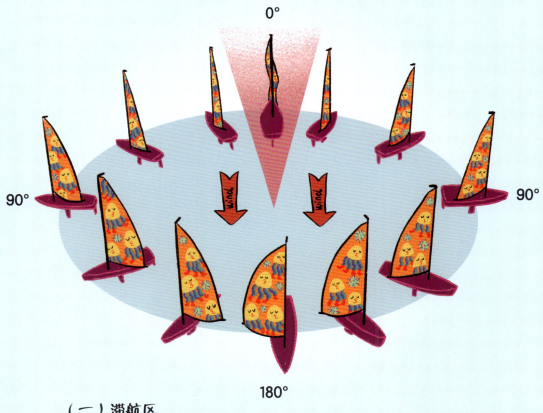

（一）滞航区

当帆船处于0-15度的航行角度时，无论是左舷风航行还是右舷风航行，船都无法向前行驶。这个角度范围也被称为"滞航区"，当船进入这个角度范围时，帆会"哗啦哗啦"地飘动。

（二）迎风行驶

在迎风行驶时，帆船的前进方向和风来的方向之间的夹角是最小的，这也是最靠近风的角度。帆船会通过"之"字形航线前进，这就是帆船能够"逆风前进"的秘诀。

注意！迎风角度时，我们需要把帆收紧，让帆杆靠近船身。

（三）横风行驶

速度最快也最容易操作的行驶状态，船与风的方向夹角是 90 度。帆杆与船体的夹角是 45 度左右。

（四）顺风行驶

风的方向和船只的航行方向接近一致，这个时候船航行起来会晃晃悠悠的，不稳定哦。

想象一下，我们在一个切开的蛋糕上驾驶帆船，风从一侧吹来，蛋糕上有一块被切走了，放到航行圈中，这一块的角度就是不可航行区域。

三、航行状态

直线航行：让帆船走直线，要始终坐在船的同一舷，保持在一个航行角度驾驶帆船前进。

（一）收帆和松帆

每一次改变航行角度都需要用缭绳对帆进行调整，什么时候收帆，什么时候松帆取决于要前进的方向以及航行角度。

（二）迎风偏转

从远离风的角度，推舵将船只调整到靠近风的角度，航行角度逐渐变小，同时将帆收紧一些。注意不要调整到滞航区的角度哦～

（三）顺风偏转

从靠近风的角度，拉舵将船调整到远离风的角度，航行角度逐渐加大，需要将帆松出一些。

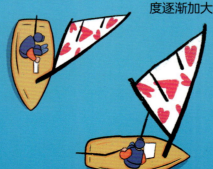

如何保持船的平衡?

船在平稳状态下,航行速度最快。我们可以通过将稳向板降低,来抵抗风和帆产生的侧向力。除了调整稳向板外,船员还可以通过调整帆和舵,以及人员位置来保持帆船的平衡。

压舱动作:当风力增强时,船会出现倾斜的情况,这对初学者来说可能有点可怕,但这是很正常的。用自己的体重来平衡船,防止她倾斜得太大——你坐得越往外,你的体重就越有效。

如果风力实在太强,船的倾斜度过大,你可以尝试松帆,减少帆上的动力,避免翻船。

（四）航行方向的改变

1. **迎风换舷**：帆船没有办法正顶着风航行，但很多时候目的地却在风吹来的方向，这时候就要选择走"之"字形来到达目的地，这就意味着在"之"的每一个节点都要做一次迎风换舷。

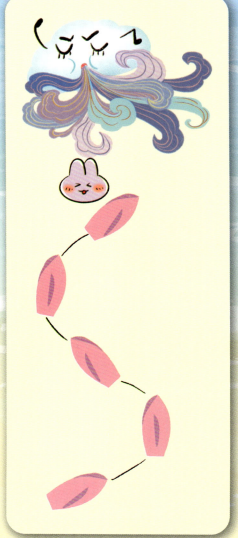

2. 顺风换舷：指顺风行驶时改变船的受风状态，船会经过正尾风，帆会从船的一侧转到另一侧。

Boom！换舷时，一定要注意低头，不然帆杆摆动过来会敲到你的头哦！

（五）停船

滴滴！ 船只不同于陆地交通工具，她没有传统意义上的刹车系统来直接控制速度。船的速度和行进方向主要通过操纵帆和舵来间接控制。

我现在正处于横风航行状态，那我推推舵，做一个迎风偏转动作，让船进入"滞航区"的角度吧。

宁宁，停下！我们进入下一项练习。

教练，我不会刹车啊！

绳结时间：单套结

单套结是绳结之王，也被称作"称人结"，是航海过程中使用最为频繁的经典绳结。

互动环节：请在下面的360度航行圈中画出每个航行角度帆的位置

第五章 安全航海

一、航行安全

参与帆船运动时必须将安全放在首要位置，其中包括人身安全、器材安全和航行安全等。由于海洋环境非常复杂，天气状况瞬息万变，安全防护更加困难，所以要认真、细致、全面地做好航行安全准备。

如果你会游泳，那么在学习帆船运动时会更加得心应手，因为会游泳、不恐水，所以在面对大风大浪甚至翻船的时候能保持冷静，消除心理恐惧，勇敢面对困难和危险。

无论是在水上还是在岸边，穿戴好救生衣或者个人漂浮装置是非常关键的。

救生衣和个人漂浮装置有什么区别呢？

个人漂浮装置可以帮助一个有意识的人保持漂浮，通常适合小船。而救生衣可以帮助昏迷的人浮出水面。无论你穿戴个人漂浮装置还是救生衣，一定要合身！

（一）码头安全注意事项

1. 不准靠近非训练上课区域。

2. 不得嬉戏打闹，追逐跑跳。

3. 严禁在码头游泳、跳水。

4. 爱护船只器械等一切设施。

禁止靠近

非训练上课
区域

37

（二）推船入水时的注意事项

1. 观察风向，选择合适的下水方式。

2. 坡道湿滑，小心水草，避免滑倒。

3. 离岸的时候，注意风向，让船头迎着风，船体漂浮后抓住船头抽出船车。继续往水中推船，直到能放下一些稳向板和舵。当准备好了，就可以把船推出去，登上船，扬帆航行。

（三）上岸时的注意事项

1. 观察是离岸风还是近岸风。

2. 快靠近岸边时做好抬起稳向板和舵的准备，在可以踩到水底的位置让船头对准风的方向，提起稳向板和舵。

3. 从船的上风下船，抓住船头将船拖上船车，小心地上岸。

平静的海面下暗藏波涛汹涌的危险，我们一定要注意安全！

二、海上红绿灯：基本航行规则——航行权和避让规则

我们在航行过程中一定要避免碰撞！

宁宁你还记得怎么区分船的左舷和右舷吗？

我知道！首先人站在船尾看向船头，船的左侧船舷为左舷，右侧船舷为右舷。

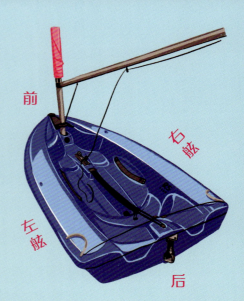

前

右舷

左舷

后

既然分清了船的左右舷，就要知道我们是左舷行驶的船还是右舷行驶的船。风先吹到哪一侧船舷我们就是那一舷风行驶。让我们来看看航行过程中要遵守的"交通规则"吧！

帆船竞赛规则中的定义：
船的舷风边、右舷或左舷是与其上风边一致的。

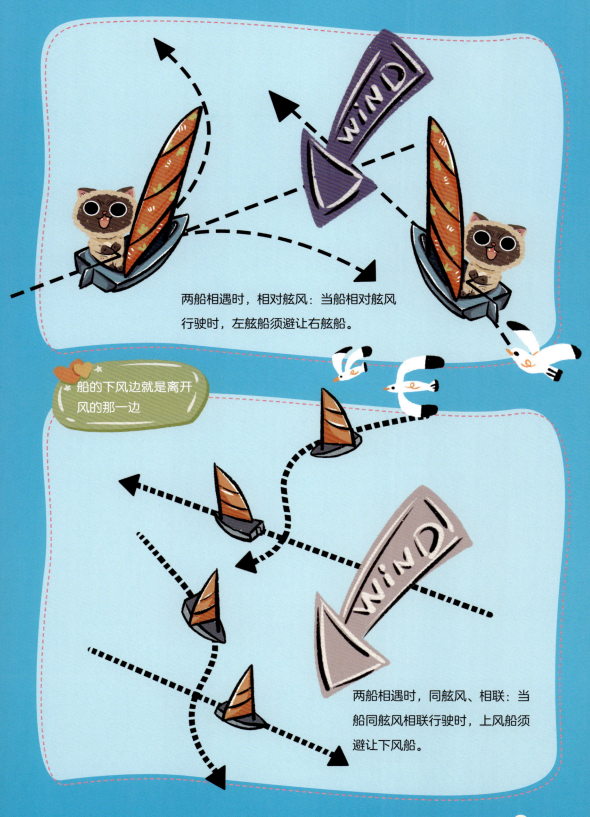

两船相遇时，相对舷风：当船相对舷风行驶时，左舷船须避让右舷船。

船的下风边就是离开风的那一边

两船相遇时，同舷风、相联：当船同舷风相联行驶时，上风船须避让下风船。

两船相遇时，同舷风、不相联：当船同舷风但不相联时，明显在后的船须避让明显在前的船。

教练，帆船规则有点复杂啊！我要是忘了怎么避让怎么办啊？

没关系，当你遇到其他船只时，记得向没有船的那一侧推舵或者拉舵进行避让就行！

遵守规则，避免碰撞！

三、倾覆与扶正

稳向板帆船倾覆是非常正常的一件事，如果在航行过程中一不小心发生了倾覆，最重要的一点就是不要与我们的船分开，因为很有可能船漂走的速度比我们游泳的速度快。

正确的扶正方法：

1. 游到船尾检查舵。

2. 抓住主缭绳游到稳向板那里。

3. 拉住稳向板，向上爬，用身体的重量将船扶正。

4. 船扶正后抓住船舷，然后爬到船上。

嗯嗯！

宁宁，记住一定不能离开我们的船哦！

绳结时间：丁香结。

丁香结是非常方便好用的绳结，它可以快速地把绳索临时系起来，一般系在栏杆等圆柱物体上。这种结的优点是如果你觉得绳子系得太长了或者太短了，很容易调整。在帆船上最常用到这个绳结的地方是悬挂船体侧面的碰球。但是丁香结很容易滑动，用起来一定要注意。

互动环节：

图中哪些船需要注意避让？请圈出她们。

第六章 看懂帆船赛

宁宁来到海边，发现码头周围有好多穿着下水装备的人在忙碌着。有的在整理自己的船，有的在搬运器材，还有的在互相交流着什么，手里拿着一个夹板在写写画画。原来，今天是一场帆船比赛的报到日……

一、赛前准备

（一）比赛报名

1. 选择参加的帆船比赛类型

帆船赛的大类分为近岸赛和离岸赛，近岸赛中就包括我们所说的场地赛。世界帆联对离岸赛定义是总航程超过 695 海里的长距离赛，但现在人们大多把 200 海里以上，有时需要在海上过夜才能完成的比赛都称为离岸赛。

根据《世界帆联离岸赛特别规定》，依据完赛的难易程度对离岸赛进行了分级，最难的是 0 级，难度程度依次递减到 4 级。

教练，我还有听说过 5 级赛事，那是什么赛事呀？

5 级赛事就是我们通常说的场地赛了。

（二）报到日的准备

今天是报到日，我们都应该做些什么呢？

了解竞赛文件

报名

大量器材

关注气象信息

练习赛

Help

如果有不明白的地方，

一定要及时找教练或小伙伴寻求帮助！

竞赛通知：主要内容包括报名信息、竞赛形式、竞赛日程、竞赛水域、需要特别注意和更改的竞赛规则，以及其他重要的参赛要求。在报名前要仔细阅读。

航行细则：在比赛报到现场发放的纸质版文件，也有部分赛事仅发放电子版文件，参赛前需要仔细阅读。《航行细则》是竞赛要求的最终依据，相较于《竞赛通知》更加具体，内容包括竞赛信号、竞赛轮次安排，抗议流程、航线设置、安全要求等等。竞赛前还会召开技术会，对本次赛事的注意事项和航行细则中的规定作出重点强调。

参赛小 tips：初学者参赛建议选择统一级别的场地赛来熟悉竞赛航线和操作步骤。

二、帆船竞赛日

这一部分，我们将基于奥运会航线赛的竞赛过程进行介绍。

（一）下水签到

每天竞赛前，参赛者要在竞赛的检录处进行下水签到，表示船只准备下水，到海上参加竞赛。一天的竞赛结束后，参赛者需在规则规定时限内返回岸边进行上岸签到。检录处会统计每次填写签到表的船数，查看是否有遗漏。

（二）起航

帆船比赛成绩是由多轮竞赛成绩组成的，每一轮竞赛中的同一组帆船同时起航并行驶相同的航线，越快到达终点的船成绩越好。我们帆船竞赛信号计时以视觉信号为准，并伴随相应音响信号。视觉信号由各种信号旗组成，在水上我们要注意观察竞赛委员会船的动向，记住不同信号旗的含义。

起航信号旗的含义

在起航过程中，通常级别旗表示预告信号，P旗、I旗、Z旗、U旗、黑旗表示准备信号。AP旗表示推迟未起航的竞赛，N旗表示放弃所有已经起航的竞赛，回到起航区。

竞赛的起航线是起航标志之间的连线。参赛时要关注航行细则中关于起航标志的描述哦！一轮帆船竞赛的起航信号和田径比赛的起跑信号不同，帆船起航通常采用"5-4-1-0"的5分钟倒计时。

起航信号前 5 分钟

展示预告信号：级别旗

音响信号：一声

含义：竞赛还有 1 分钟开始

倒计时 5min ...

起航信号前 4 分钟

展示准备信号：P 旗、I 旗、Z 旗、U 旗、黑旗

音响信号：一声

含义：竞赛开始了，还有 4 分钟打开起航线

倒计时 4min ...

起航信号前 1 分钟

移除准备信号

音响信号：一长声

含义：规则 30 开始生效，还有 1 分钟打开起航线

倒计时 1min ...

起航信号前 0 分钟

移除预告信号：级别旗

音响信号：一声

含义：起航线打开了！

正式起航！...

如果有船在预告信号移除前越过起航线并且没有按照规则返回起航线，那么这条船就会受到"抢航"判罚，这种判罚与田径竞赛中"抢跑"类似。

此时，起航信号船上会在预告信号降下后，根据情况迅速展示召回信号。

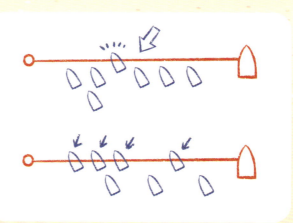

（三）竞赛航线

1. 简单的航线：初学帆船的小水手们可以选择行驶简单的航线进行练习。

"8"字绕标：是横风航行和推舵转向的标准练习航线。

三角绕标：用 3 个浮标布置成三角形。按照逆时针绕 3 个浮标，形成包括迎风、横风和顺风三种航行角度的三角形航线。

迎尾风绕标：首先逆时针左舷绕标。这个练习过程中有一次迎风换舷和一次顺风换舷。

　　竞赛中具体使用的航线类型需要看竞赛委员会发布的航行细则以及开赛前起点船上的提示。

　　在竞赛过程中如果有船只没有按规则对你进行避让，可以立即举红旗呼喊抗议。如果水上仲裁看到了关于违反规则 42 的情况，可以立即进行判罚。被判罚船应按照航行细则上面的规定进行解脱（比如做一个 360 度转圈）。在水上没有解决的抗议，可以在上岸之后填写抗议表，提交抗议表的时间通常在航行细则中有规定。

　　2. 正式比赛航线

　　场地赛会在一片固定的水域，用浮标设置一个竞赛航线。这个航线包括起航线、终点线、绕标标点等。竞赛的航线有很多种，会根据当日的风力风向情况来设置。

（四）到达终点！

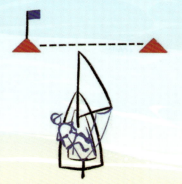

**危险行为
切勿模仿！**

注意，除船体以外的任意部位提前触碰到终点线，都不算到达终点。

当一条船在起航后，行驶过正确的航线，最后船体的任一部分从航线一侧越过终点线就表示该船到达终点了。

抗议

记得报告
抗议情况哦！

算分数

4<6<8

公告栏

双级别成绩

选手1 2114
选手2 1326
选手3 3238

比赛结束了，分数要怎么记计算呢？

帆船赛事一般采用低分计分法。第1名得1分，第2名得2分，依次类推。最后得分最低者获得优胜。除非竞赛通知或航行细则中规定了另外的计分方法。

51

三、国际赛事知多少

接下来，让我们来看看世界上超厉害的帆船赛事都有哪些吧！

美洲杯帆船赛：美洲杯帆船赛是世界上最富盛名、历史最悠久的帆船赛事。1851年－2024年，美洲杯帆船赛已经扬帆驶过170年的历史长河。它与奥运会、世界杯足球赛以及一级方程式赛车锦标赛并称为"世界范围内影响最大的四项体育赛事"。在这里汇集了世界上最顶级的水手、最快的帆船，可谓是竞争最激烈的比赛了。

沃尔沃环球帆船赛（世界环球帆船赛）：沃尔沃环球帆船赛始于1973年，每三年举行一次，是世界上历时最长的职业体育赛事，也是全球顶尖的离岸帆船赛事，现已更名为世界环球帆船赛。

奥林匹克运动会帆船比赛：帆船在奥林匹克运动会的历程起始于1896年，当时帆船被首次列为现代奥运会的比赛项目。然而，由于当时的恶劣气候，比赛被迫取消。直到1900年的巴黎奥运会，帆船才正式成为了奥林匹克运动会的一项比赛项目。起初，参加奥运帆船比赛的船只通常较大且笨重，适用于远洋航行。第二次世界大战后，随着玻璃钢造船技术的发展，

船舶的制造成本大大降低，船体也变得更轻便。这使得更多的人有了参与帆船运动的机会。

绳结时间：双半环结

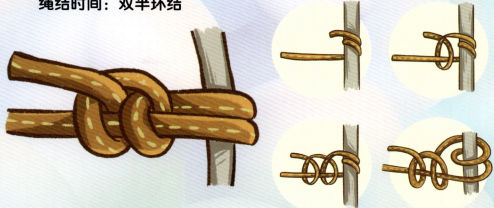

由于圆环产生的摩擦力，双半环结在绳子受力的情况下也能牢固地打结。双半环节常用于将绳子拴到环或栏杆上，比丁香结更牢更易解。

1. 活动部分在栏杆上绕一满圈（如果绳子承受着巨大的负重，则绕两圈）。

2. 活动部分在其固定部分上打一个单结（绳子末端在绳子的固定部分上绕一圈）。

3. 以同样的方式再打一个单结。

4. 拉紧绳子末端，将结系紧。

章节 Q&A

1. 正式帆船比赛的起航倒计时有几分钟？

2. 下面的旗帜名称分别是什么呢？

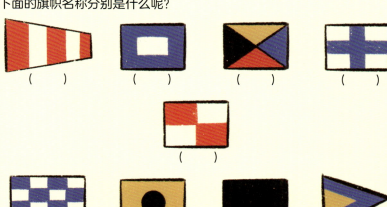

　　宁宁驾驶着帆船从岸边驶离，向着海中进发。她时而看看帆，时而看看碧蓝的海面，在阳光的照射下，海面镀上了一层金光。岸边的水面清澈，鱼群在珊瑚丛里躲来躲去，好像在玩捉迷藏，时不时有浪花拍打着海岸。一群海鸥落在不远处的沿海护栏上，蹦蹦跳跳，有几个小伙伴小心翼翼地伸出手去给海鸥喂食。放眼望去，几片白帆也在远处乘着阳光航行着，轮船缓缓地在海面与天空的交界处前进，发出"呜呜"的汽笛声。

　　不一会儿，前方的海面飘来一个白色圆柱体，宁宁定睛一看，是一个矿泉水瓶……

一、海洋污染现象

白色污染——塑料垃圾

随着工业的飞速发展，越来越多的塑料制品进入到我们的生活中，一次性塑料饭盒、塑料瓶、塑料袋等等，被应用于各种场合，这些物品在使用后被弃置成为固体废物，由于乱丢乱扔，难于降解处理，给生态环境和景观造成了污染。

现在，在海滩上，不时能够见到被海浪冲到岸边的垃圾，其中有各种颜色的塑料袋，瓶盖甚至是烟头等等。如果选择驾驶帆船到达海面上，在近岸的区域也会见到零零星星漂浮着的塑料瓶、塑料泡沫箱。这不仅造成环境污染，且如此下去，海面将不复以往的清澈，被难以消失的垃圾所覆盖。如果有鸟类或鱼类误触或误食了海水中的白色垃圾，不仅会导致肢体受伤，甚至会因垃圾在消化道中无法消化而被活活饿死。据权威数据统计，每年约有100万只海鸟和10万只海洋哺乳动物因误食塑料垃圾而死亡。

赤潮

赤潮又称"红潮"，是一种水华现象，主要是指海洋水体中一些微小的浮游生物、原生动物或者细菌，它们在一定的环境和条件下突发性增殖和聚集，从而导致在一定的时间和范围内水体发生变色的现象。赤潮也不一定全是红色，而是许多类似现象的统称。当发生赤潮时，根据引起赤潮的生物的数量和类型，海水通常为红色、黄色、绿色或棕色等。

这些微生物最主要的营养方式是光合自养，暴发性的增殖与聚集会消耗水体中大量的二氧化碳，遮蔽海面，严重降低海水的透明度，影响其他海洋生物的正常生长与繁殖。

而人类活动加速了有害赤潮的形成：

·营养物质的排放：工农业废水、生活污水的大量排放，以及养殖业的发展等，导致大量营养物质输入海洋环境，海水富营养化程度日趋严重，引起赤潮频发；

·外来物种的引入：海运业的发展和压舱水的排放，可导致外来赤潮物种的引入，增加了赤潮的种源；

·种群结构的变化：海水水质恶化和过度捕捞直接或间接影响了种群结构的改变，导致有害赤潮的形成。

赤潮灾害不仅会打破海洋生态系统的平衡，还对人类的健康和经济活动造成巨大的影响。

近岸海域暴发赤潮会导致海水变色，大量赤潮生物堆积岸边严重影响了滨海景观；而且赤潮生物会释放毒素或有毒气体、产生黏液导致水质恶化，人体皮肤接触之后会产生不适，严重妨碍水上休闲活动。

举个例子：
海上的"青青草原"——浒苔

二、食物链

  偌大的海洋里漂浮着各种各样的垃圾，随处可见的白色泡沫、不知道从哪条船上掉下来的油桶、甚至还有木质的沙发和颜色各异的瓶子。

  在随着海水一起漂流的海洋垃圾中，有很多废弃的渔网和色彩鲜艳的垃圾，这些都被海鸟认为是可口的食物，而塑料微粒会被小鱼吞食。最后，这些污染物质都会通过食物链进入人体，进而对人类的健康和生命安全造成威胁。

三、环保行动

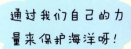

教练，面对污染我们要做什么呢？

通过我们自己的力量来保护海洋呀！

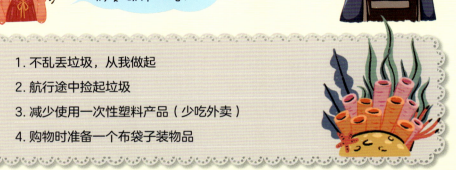

1. 不乱丢垃圾，从我做起
2. 航行途中捡起垃圾
3. 减少使用一次性塑料产品（少吃外卖）
4. 购物时准备一个布袋子装物品

海洋纪念日

保护海洋，没有时限，也不论地点。爱我们的蔚蓝色故乡，不能光喊口号，还要有行动，选定一个日子，让人们的目光都集中到海洋，虔心为海洋做一点小事。世界海洋日、海洋宣传日、海洋节是我们与海洋相约的日子。

世界海洋日：6 月 8 日

世界海事日：自 2005 年起，每年 7 月 11 日为中国"航海日"，同时也作为"世界海事日"在我国的实施日期。

国际航海日：3 月 17 日

全民健身日：8 月 8 日

奥林匹克日：6 月 23 日

倡议书

乘风破浪的环保小卫士们：

21世纪是海洋的世纪，为了我们的蓝色国土，为了我们的绿色家园，让我们携起手来，关注海洋、宣传海洋、善待海洋、呵护海洋，致力共创绿色生态文明，共建蓝色和谐家园，共享幸福美好生活！

在此，我倡议：

一、加强海洋知识学习，增强海洋保护意识。要加强对海洋环境、海洋资源、海洋生物、海洋地理等知识的学习，深化对"海洋母亲"的认识和了解，切实增强保护蓝色国土的意识和责任，争当保护海洋生态环境的小专家。

二、树立科学发展观念，传播海洋生态文明。要尊重科学规律，崇尚生态文明，关心海洋环境保护，关注海洋开发利用，积极参与海洋科技推广、海洋环保宣传和监督等活动，争当海洋文明的传播者。

三、保护海洋生态环境，倡导绿色环保行动。要强化依法治海意识，自觉保护蓝色国土资源环境。从我做起，从现在做起，从身边小事做起，积极参加绿色志愿活动，倡导绿色环保行动，携手保护海洋环境，争当保护蓝色国土的小卫士。

四、珍惜海洋自然资源，善待海洋生物生命。要珍惜海洋自然资源、维护海洋生态平衡。保护海生物多样性，善待一切海洋生物的生命。不捕捞受保护的海洋生物，不购买珊瑚、海龟等法律禁止售卖的海洋生物制品，争当海洋文明的维护者。

五、传承海纳百川精神，彰显当代青少年风采。要用心去感知海洋的博大宽广，学习像海洋一样奔腾不息的自强精神，弘扬当代青少年敢为人先、不畏艰险、勇于开拓、善于创新的光荣传统，传承海纳百川精神，彰显新时期青少年的青春风采，行动起来吧！让我们一起来当海洋文明的践行者！

签名：

年　月　日

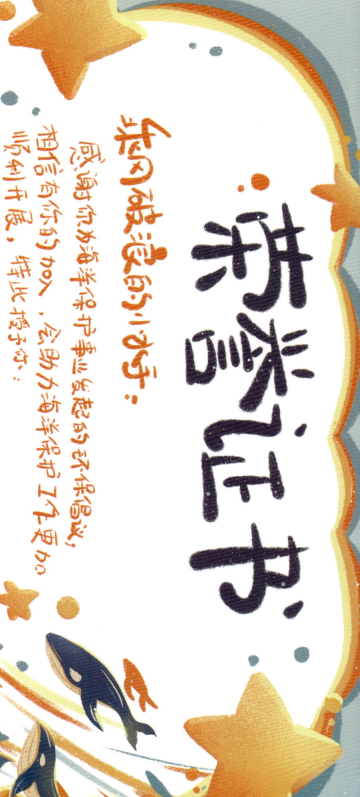

环保证书

亲爱的小朋友：

感谢你为海洋保护事业发起的环保倡议，相信有你的加入，会助力海洋保护工作更加顺利开展，特此授予：

环保小卫士

特发此状，以资鼓励！

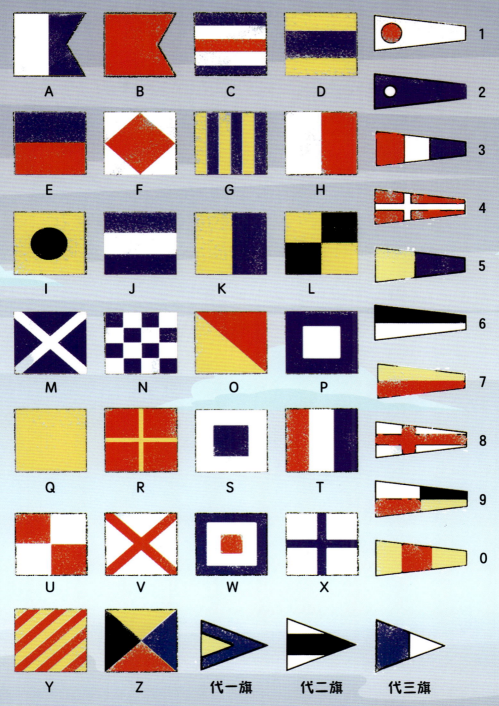

答案:

（P6 的答案）

水翼帆船　　　稳向板帆船　　　龙骨帆船

（P8 的答案）

（ 0 ）级　　　　　（ 1 ）级　　　　　（ 2 ）级

（ 3 ）级　　　　　（ 4 ）级　　　　　（ 5 ）级

（P22 的答案）

（P34 的答案）

（P44 的答案）

答案：
1.5 分钟
2.

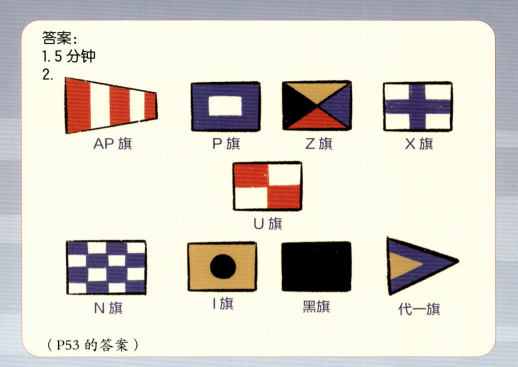

AP 旗　　　P 旗　　　Z 旗　　　X 旗

U 旗

N 旗　　　I 旗　　　黑旗　　　代一旗

（P53 的答案）